APR 25 '88	DATE DUE		
APR 29 '88	T-2	T2	
MAY 17 '88	LO	T10	APR 17 '90
DEC 6 '89			
DEC 28 '89		3	MAY 29 '90
OCT 26 '90			
JAN 22 '91			
JAN 31 '91			
DEC 05 '91			
MAR 31 '92			
NOV 27 '92			
FEB 02 '94	10		

MAR 1 1 1988

```
E
Iza        IZAWA

           One morning
```

YOHJI IZAWA · CANNA FUNAKOSHI

One Morning

PICTURE BOOK STUDIO

Not yet

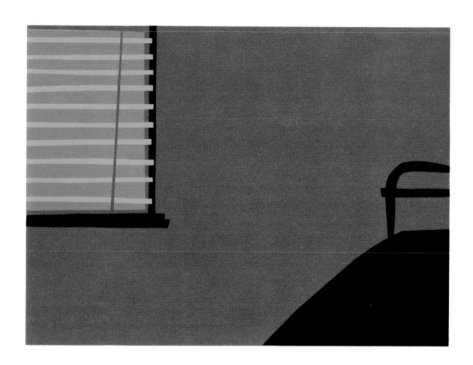

Soon

Beginning

Tick · tock · tick · tock

Brrinnnnggg!

Good morning!

The smell of ink

The taste of mint

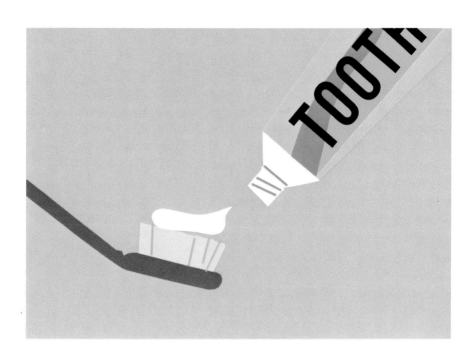

Coffee

de vo...

Chez Jean-...
dans l'ère de la «...
apide, partielle, sur l...
aux pointes ou sur les d...
ongueurs, elle se fait sur une
pré-coupe ». On enroule quel-
ques mèches sur de gros
ouleaux (le reste de la chevelu-
e est bien protégé dans des
euilles de plastique), puis on
e produit après l'enroula-
Donc indirectement. Le
emps de pose est très court
pour ne pas obtenir de frisure
ais un volume là où la coupe
e souhaite). La « Quick Perm »
erminée, on exécute la coupe
éfinitive. Autre technique : les
Relaxes ». Elles défrisent les
ointes des cheveux très frisés
ais sans toucher aux racines.
effet, superbe, est à refaire
us les deux mois.

ans les salons Dessange, et en
rticulier chez Dessange Ju-
or, la vedette est la
rmanente-papillote : les che-

...ue de ...
nuiles adou
...astase et Furterer
Chez Jean-Louis Defor...
la « Body-Wave », ...
ment conçue pour al
carrés dégradés. Elle :
sur des « body-stic
mousse et sur toute la
donne un flou léger et
cranté facile à coiffer.
Dans les salons Carita
utilise toute une varie
tailles de bigoudis qu'ell
çà et là, avant ou ap
coupe, pour casser la r
des cheveux, leur apporte
matière nouvelle et une
plesse naturelle. Et pour
briller, elle termine par
délicieux soin anti-desséc
Chez Harlow, la toute nou
permanente s'appelle l'«
preinte Ondulée ». Les chev
courts sont enc...

A new day

$$1480$$
$$76$$
$$\overline{1556}$$

Have a good day.

Bang!

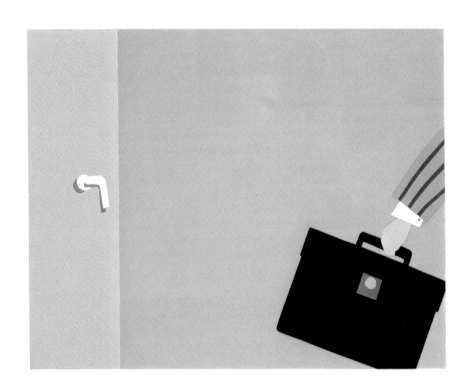

What?!

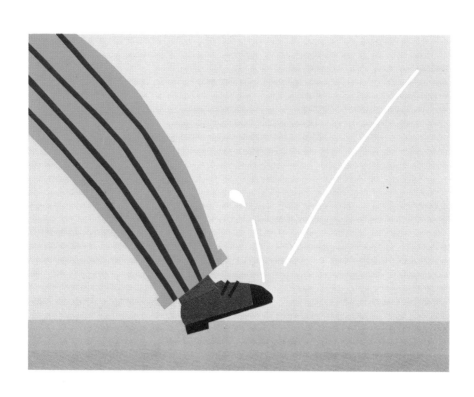

Whoosh!

What's up?

Rain.

Copyright © 1985, Yohji Izawa and Canna Funakoshi
First published by Suemori Chieko Books, G.C. Press, Tokyo.
First published in English 1986, by PICTURE BOOK STUDIO,
an imprint of Neugebauer Press, Salzburg–Munich–London–Boston.
Distributed in USA by Alphabet Press, Natick, MA.
Distributed in Canada by Vanwell Publishing, St. Catharines, Ont.
Distributed in UK by Ragged Bears, Andover, England.
Printed in Austria.

LIBRARY OF CONGRESS CATALOGING IN PUBLICATION DATA

Izawa, Yohji, 1949–
One morning.

Translation of: Asa.
Summary: A cat perceives the sounds, smells, and
sights heralding the beginning of a new morning and
his master's preparations and departure for work.
[1. Morning—Fiction. 2. Cats—Fiction]
I. Funakoshi, Canna.   II. Title.
PZ7. 19580n   1986   [E]   86-91538
ISBN 0-88708-033-2